LETTRE

DE

Mgr L'ÉVÊQUE D'ANGERS

A M. LÉON GAMBETTA, DÉPUTÉ

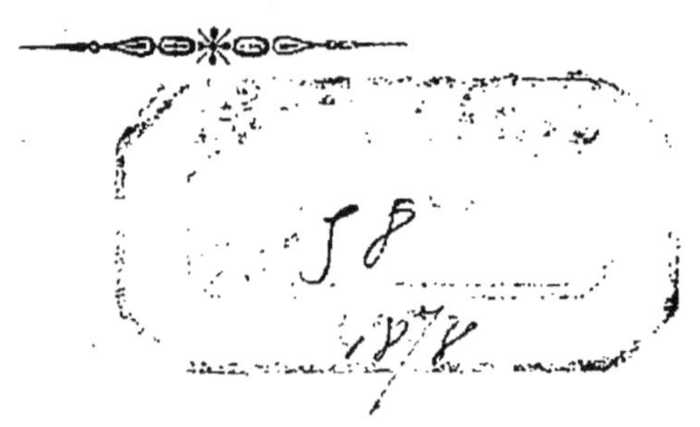

MOULINS

IMPRIMERIE DE C. DESROSIERS

1878

LETTRE DE Mgr L'ÉVÊQUE D'ANGERS

A M. LÉON GAMBETTA.

Angers, le 20 septembre 1878.

MONSIEUR LE DÉPUTÉ,

Vous venez de prononcer à Romans un discours dans lequel vous attaquez le clergé avec une violence qui dépasse toute limite. Vous ne trouverez pas mauvais que l'on vous réponde immédiatement, ne serait ce que pour montrer à ceux qui auraient pu encore garder quelque illusion sur vos vrais sentiments, à quelles extrémités vous entendez conduire les affaires religieuses en France.

Il paraît que c'est dans vos paroles qu'il faut chercher le programme de l'avenir. Quelque humiliante que puisse être une telle pensée pour tout Français qui a souci de l'honneur de son pays, il faut bien se résigner à vous lire, pour se préparer à vous combattre. Or, ce que vous nous annoncez pour un avenir prochain, comme le résumé de vos projets, c'est, disons le mot, la persécution.

Et quel moment choisissez-vous pour nous déclarer la guerre? Le moment où des espérances de paix se font jour partout; où les gouvernements, instruits par l'expérience, commencent à comprendre que ce n'est pas trop de toutes les forces morales réunies pour préserver la société moderne des dernières catastrophes. C'est à ce moment-là que vous essayez de refaire une campagne qui n'a réussi nulle part , et de choisir la France catholique pour théâtre d'une lutte que les Etats protestants eux-mêmes cherchent à éloigner d'eux. Si vous aviez véritablement le sens politique, vous comprendriez à quel point un pareil langage est à l'encontre des idées et des dispositions de l'heure présente

C'est de vous que nous apprenons qu'il existe « une question cléricale, c'est-à-dire la question des rapports de l'Eglise et de l'Etat. » Ne vous en déplaise , Monsieur, cette question n'existe pas ; elle a été souverainement tranchée au commencement de ce siècle , par un concordat que tous les gouvernements ont respecté, et qui est parmi nous la base de la paix publique. Le jour où vous romprez ce pacte fondamental , vous remettrez toutes choses en question, et vous déchainerez sur votre pays des malheurs dont , peut-être , ni vous ni moi ne verrons la fin.

Pour faire accroire à vos complaisants aud'teurs qu'il existe « une question cléricale, » vous agitez des fantômes. Vous osez parler « d'exploitation de l'ignorance, » au lendemain du jour où le *Journal officiel* constatait que nous avons rempli la France de foyers d'instruction, que l'enseignement secondaire compte plus d'élèves dans nos colléges que dans ceux de l'Etat (1). Quel -

____

(1) *Journal officiel* du 15 septembre 1878 : 76,816 élèves fréquentent les établissements ecclésiastiques, y compris les Petits-Séminaires; 75,209 les colléges de l'Etat.

que nombreuses que soient vos occupa-
tions, vous avez dû avoir assez de loisir
pour apprendre ce que tout le monde sait,
que depuis les écoles des Frères jusqu'aux
grandes écoles du gouvernement, les élèves
formés par les soins du clergé et des ordres religieux n'occupent pas un rang infé
rieur dans les examens publics. Quel est
donc cet auditoire de Romans où vous
avez pu parler de la sorte, sans qu'il s'y
soit trouvé un homme assez instruit des choses de son temps pour faire à de telles as-
sertions l'accueil qu'elles méritaient ? Mais
vons-même, Monsieur, n'avez-vous pas été
élève d'un Petit-Séminaire ? Vous étiez-vous
jamais aperçu que l'on eût tenté sur votre
personne ce que vous appelez « l'exploitation de l'ignorance ? »

C'est bien à vous qu'il appartient de parler « d'asservissement général, » à vous
qui, dans votre discours, annoncez l'intention formelle d'écarter des fonctions de la
magistrature, de l'administration et de

l'armée quiconque ne penserait pas comme vous. Voilà le despotisme que vous vous proposez d'inaugurer en France. Et vous osez prononcer le mot de liberté ! Ce mot n'a aucun sens dans votre bouche. Quant au clergé où voyez-vous la moindre tendance à asservir qui que ce soit? N'êtes-vous pas libre, vous et ceux qui vous suivent, d'aller à la Messe ou de ne pas y aller, de faire vos Pâques ou de ne pas les faire, de fréquenter les Sacrements ou de vous en abstenir? Vous en répondrez devant Dieu : voilà tout. Mais de la part des hommes, où apercevez-vous la moindre velléité de vous contraindre à une pratique religieuse? Et n'est-ce pas vous jouer de la crédulité publique, que de feindre une oppression quelconque, là où nul ne songe à vous disputer la moindre parcelle de liberté.

Il m'est impossible, je vous l'avoue, de m'imaginer que vous ayez voulu parler sérieusement, en signalant « les usurpations incessantes auxquelles se livre l'ultramontanisme et l'invasion qu'il fait tous les jours dans le domaine de l'État. » À vous entendre, l'on dirait en vérité que les membres du clergé remplissent les conseils municipaux, les conseils généraux, le Sénat et la Chambres des Députés. La vérité est que l'élément ecclésiastique n'est représenté nulle part ou peu s'en faut. Il y a trente prêtres au Parlement allemand ; un seul Evêque siége au Sénat français, pour défendre les intérêts religieux. Jamais, à aucune époque, le clergé ne s'est moins occupé des affaires de l'Etat ; nulle part, chez aucune nation, il n'est plus tenu à l'écart de la chose publique. Et vous venez, devant une auditoire prévenu ou distrait, représenter le clergé de France comme prêt à envahir tout le domaine de l'Etat ! De quel mot voulez-vous que l'on qualifie de tels excès de langage ?

« C'est toujours, dites-vous, quand la fortune de la patrie baisse que le jésuitisme monte. » Parole imprudente, Monsieur, et

que nul moins que vous n'a le droit de prononcer. Car, personne ne l'oublie, c'est
quand la fortune de la France a baissé,
que vous êtes monté ; c'est quand la France
était à terre, que vous vous êtes fait de ses
ruines un piédestal pour vous élever au
pouvoir. Alsacien, j'aurais le droit de vous
demander compte au nom de mon pays
natal, de ces sanglantes folies qui ont
achevé nos malheurs et changé une défaite
en catastrophe irrémédiable.

Mais laissons là ces tristes souvenirs aux-
quels vous avez associé votre nom, pour
envisager l'avenir que vous entendez nous
préparer. C'est bien la persécution que vous
nous promettez, et à bref délai, Car de quel
autre nom appeler la suppression des ordres
religieux, la suppression de la liberté d'enseignement, la suppression des vocations ecclésiastiques ? C'est la persécution ouverte,
violente, de quelque apparence de légalité
que vous prétendiez la couvrir. Dans un
langage que vous auriez voulu rendre spi-

rituel, et qui n'est qu'inconvenant, vous parlez de « ces milliers de prêtres multicolores
qui n'ont pas de patrie. » Ces prêtres, Monsieur, sont au service de vos concitoyens ;
du matin au soir, ils instruisent les enfants,
soignent les malades, consolent les pau-
vres. Vous n'avez pas plus le droit de vous
occuper de la couleur de leur habit, qu'ils
n'ont l'intention d'examiner celle du vôtre,
Ils sont citoyens au même titre que vous ;
il ont, comme vous et vos amis, le droit
de se réunir, de vivre ensemble, de prier
et de travailler en commun. Leur patrie est
la France, et leur nationalité est certaine.
Que voulez-vous de plus, et de quel droit
mettriez-vous la main entre leur conscience
et Dieu ?

Après la liberté de l'association reli
gieuse, le despotisme dont vous êtes le
porte-voix s'apprête, selon vous, à détruire
une autre liberté non moins précieuse,
celle de l'enseignement. Et cela, dites-
vous, sous le prétexte « que vous ne de-

vons pas laisser, dans nos écoles, blasphémer notre histoire. » Quoi, c'est vous et le parti violent dont vous êtes le chef, qui vous constituez le gardien et le défenseur de notre histoire nationale ? vous qui datez cette histoire de 89 ou de 93, et qui ne voyez-au delà qu'une série d'horreurs et d'infamies ? vous qui n'êtes occupé qu'à bafouer nos grandeurs et nos gloires séculaires, a insulter nos Rois, a rabaisser nos grands hommes, à dénigrer nos vieilles institutions, et à parler de l'ancienne France, de son clergé, de sa noblesse, de sa condition politique et sociale, comme si elle avait présenté, pendant quinze siècles, le spectacle d'une Mongolie ou d'une Tartarie ! Et c'est sous ce prétexte-là que le despotisme dont vous formulez le programme se prépare a nous enlever le peu de liberté que nous tenons de la loi ? Car c'est un minimum de liberté, Monsieur, que cette participation si subordonnée, si restreinte, si étroite, non pas même à la collation des grades, comme vous l'affirmez à faux, car elle reste tout entière dans la main de l'E-tat, mais à la simple interrogation des étu-diants. Aussi, quand il vous plaira de re-mettre ces choses en question, nous indi-querons à notre pays s'il est juste, s'il est utile que 108,065 élèves (1) appartenant à des familles françaises soient soumis aux épreuves du baccalauréat ès-lettres et du baccalauréat ès-sciences, sans qu'un seul de leurs professeurs soit admis à siéger dans les jurys d'examen. Nous vous atten-dons avec confiance sur ce terrain, si ja-mais il vous convient de nous y appeler.

Mais là où le despotisme dont vous ve-nez de faire entendre les menaces éclate davantage, c'est dans les entraves que vous préparez au recrutement du clergé de France. En assujettissant les élèves du

---

(1) Chiffre des élèves appartenant aux collé-ges libres et aux Petits-Séminaires (*Journal offi-ciel* du 15 septembre 1878).

sanctuaire au service des armes, vous voulez, Monsieur, tarir la source même du sacerdoce. Car ne nous parlez pas de l'obligation de servir la patrie : c'est un mot que vous jetez à la foule pour tromper les simples. Il y a bien des manières de servir sa patrie. L'instituteur, le professeur qui s'épuisent à instruire leurs élèves, le prêtre qui se consume dans les travaux de son ministère, servent leur pays aussi utilement que le soldat. Ce sont là de grands services publics, nécessaires, indispensables, et qui valent bien en fatigues comme en résultats celui des armes. Le plus simple bon sens suffit pour comprendre que les nécessités sociales imposent et justifient de tels équivalents. Mais non, sous prétexte d'égalité, vous visez la religion au cœur. Bien que vos goûts et vos antécédents ne vous aient guère permis d'apprécier ces choses, vous n'êtes pas sans savoir que le régime de la caserne n'est pas une préparation au régime du séminaire, que l'Église demande à ses futurs ministres un ensemble de qualités qui ne s'acquièrent et ne se développent que dans le silence de la prière et du recueillement, et que le jour où de pareilles exigences viendront s'ajouter aux devoirs et aux sacrifices de la vie sacerdotale, c'en sera fait parmi nous des vocations ecclésiastiques.

Mais que vous importe, et n'est-ce pas là précisément le résultat que vous voulez atteindre ? En tout cas, nous sommes avertis ; et dès ce moment vous nous autorisez à nous tourner vers les catholiques pour leur dire : Voyez ce qui vous attend : ces hommes qui parlent de cléricalisme et d'ultramontanisme pour masquer leurs desseins, c'est la religion même qu'ils veulent détruire, en lui enlevant l'une après l'autre toutes ses forces et toutes ses institutions. Vos libertés, ils en feront litières ; vos droits, ils n'aspirent qu'à les supprimer. Ordres religieux, enseignants ou hospitaliers, écoles chrétiennes à tous les degrés, rien n'échappera à leurs mesures d'oppression, dès l'instant qu'ils ne trouveront plus devant eux d'obstacle légal. Enfin, pour achever l'œuvre de destruction, ils arrêteront les vocations ecclésiastiques à leur début par l'obligation du service militaire, et, faute de prêtres, le ministère paroissial deviendra impossible. Et toutes ces iniquités, ils comptent les opérer jusqu'au bout sous le couvert de la légalité. Eh, grand Dieu, y a-t-il eu, dans l'histoire, une seule persécution religieuse qui ne se soit parée de ce nom? La Convention, elle aussi, se nommait l'ordre légal ; et nos places publiques sont encore là pour rappeler à tous comment elle l'appliquait. Une fois sur la pente de la violence, et dans un pays comme le nôtre, qui peut prévoir où l'on s'arrêtera ? Que tous les catholiques veuillent donc bien réfléchir à la situation qu'on leur annonce, et sérieusement, et à temps.

Peut-être, Monsieur, aurez-vous contribué, par vos agressions et vos menaces, à refaire l'union si désirable entre tous ceux qui regardent la religion comme la base première de l'ordre social. En la choisissant pour l'objet principal de vos attaques, vous indiquez à l'avance le vrai terrain sur lequel tous les hommes de bonne foi et de bonne volonté pourront et devront se rencontrer et se donner la main, pour travailler au salut de leur pays. C'est là du moins un service que vous nous aurez rendu par votre discours, et dont je suis presque tenté de vous remercier.

J'ai l'honneur d'être, Monsieur le Député, votre très-humble serviteur.

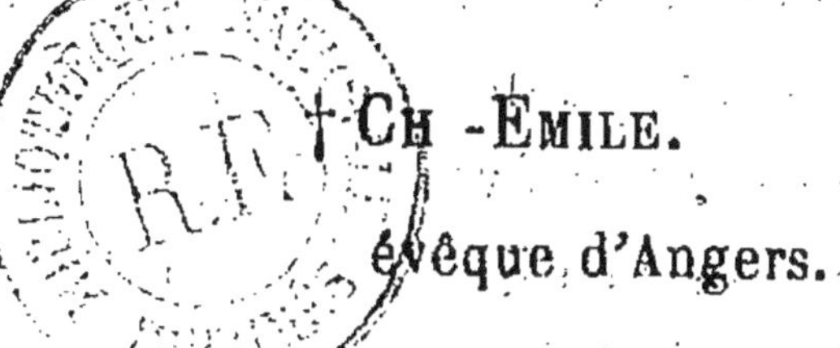

† CH -ÉMILE.

évêque d'Angers.

Moulins. — Imprimerie de C. Desrosiers.